Camille Dingam

La foi qui peut déplacer les montagnes

Camille Dingam

La foi qui peut déplacer les montagnes

La puissance de Dieu

Éditions Croix du Salut

Imprint

Cover image: www.ingimage.com

Publisher:
Éditions Croix du Salut
is a trademark of
International Book Market Service Ltd., member of OmniScriptum Publishing Group
17 Meldrum Street, Beau Bassin 71504, Mauritius

Printed at: see last page
ISBN: 978-613-7-36977-7

CONTENU

BIBLIOGRAPHIE

L'auteur de ce livre ; Dingam camille est un jeune homme que Dieu a élevé pour la démonstration de la puissance de Dieu. De la nationalité tchadienne, Dieu l'a appelé comme Son serviteur afin de véhiculer Sa puissance pour la gloire de notre Seigneur et Sauveur Jésus Christ.

PRIÈRE

Si vous n'avez pas eu l'occasion de confesser ou de recevoir Jésus-Christ comme votre Seigneur et Sauveur, avant de lire ce livre, confessez par la foi la phrase suivante et vous serez nés de nouveau: **“Seigneur Jésus-Christ, je te remercie de me donner l'occasion de te recevoir aujourd'hui en tant que mon Seigneur et Sauveur.Je te remercie de prendre ma place et de mourir sur la croix afin que je puisse être sauvé.Je t’ accepte aujourd'hui comme mon Seigneur et Sauveur personnel. Laisse-moi expérimenter cette grâce salvatrice dans mon cœur et vivre pour toi tout le reste de ma vie. Ecris mon nom dans le livre de la vie. Merci Seigneur pour avoir inscrit mon nom dans la liste des saints. Merci de m'avoir sauvé aujourd'hui. Amen”**

Vous pouvez également lire le livre de Romains 10: 9-10.

PROLOGUE

La raison pour laquelle j'ai écrit ce livre, c'est pour amener le corps du Christ à embrasser la puissance de Dieu. Le Saint-Esprit m'a amené à ce niveau pour écrire le livre pour édifier, fortifier les chrétiens. Avant d'embrasser quelque chose, vous avez besoin de la connaissance de cette chose. Si vous ne la savez pas, comment pouvez-vous vous donner à cela ? La puissance de la foi est l'évidence du royaume de Dieu.1corinthiens 4 : 20 dit “le royaume de Dieu n'est pas une affaire des mots, mais de la demonstrastion de la puissance de Dieu”. Sans la puissance de Dieu, nous ne pourrons pas avoir d'impact sur notre génération. Nous ne pourrons être utiles à notre génération que si nous opérions sous la puissance de Dieu. Vous ne vivrez jamais la vie victorieuse si vous manquez de la puissance de Dieu. Jésus a dit à ses disciples : “Ne quittez pas Jérusalem avant d'avoir reçu le pouvoir, vous serez alors témoins de moi”. Ce qui veut dire pour que le Royaume de Dieu ait lieu ; il faut que la puissance de Dieu vienne premièrement. Un témoin est celui qui a expérimenté quelque chose. Dieu est à la recherche des gens qui vont se lever comme un lion qui rugit pour que son évangile aille de l'avant. Lorsque la puissance de Dieu viendra sur vous, vous n'aurez aucune limite, mais cela ne peut être une réalité que lorsque vous vous ouvrez à la puissance de Dieu. Il est évident que le monde n’a pas d’espace pour ceux qui ont la puissance de Dieu. Ce qui menace le diable n’est pas la couleur ou la forme de votre Bible, c’est une chose ; la puissance de Dieu. La famille, n'embrassez pas la faiblesse ; si vous etes faibles, vous serez mangés. Vous devez vous mettre ensemble et monter en puissance. Par la puissance de Dieu, la restauration a lieu. La puissance de la foi n'a rien à voir avec la théologie, mais il s'agit du Saint-Esprit. C'est pourquoi vous avez besoin d'avoir soif et de vouloir agir avec la puissance de Dieu. Vous devez inviter le don de la puissance de Dieu pour vaincre votre problème, vous avez besoin de plus que votre éducation, vous avez besoin de la foi. Sans la foi, vous ne pouvez pas plaire à Dieu.

Le livre de Joël dit au dernier jour : je manifesterai mon Esprit sur toute chair ; vos fils et vos filles seront des prophètes et les personnes âgées auront des rêves. Cette Écriture nous montre comment Dieu va manifester sa puissance sur tout humain. Les gens ont soif de l'enseignement de la puissance de Dieu. La puissance de Dieu doit être le style de votre vie.

QUI EST DIEU?

Dieu n'est pas un mythe, Dieu n'est pas une religion ; Dieu existe, il est réel, il est immortel et invisible, Dieu est un créateur non créé. Il est le créateur de tout l'univers. Avant lui et à côté de lui, il n'y a pas d'autres dieux, Il est au début et à la fin. Rien ne peut se comparer à Lui, Dieu est esprit. Vous n'avez pas besoin de le connaître ni de le comprendre par votre propre connaissance. Votre propre intelligence ne peut pas le comprendre. Pour comprendre Dieu, vous avez besoin de la sagesse du Saint-Esprit, Il est Dieu. Il est plus grand que tout, l'univers entier ne peut pas le remplir. Il est puissant, il est plein de sagesse, Dieu est trop grand, et Il est tout. Toutes les choses qui se passent, c'est parce que Dieu les permet. S'Il ne les permet pas, rien ne se passera (nous avons juste besoin de la sagesse du Saint-Esprit pour séparer ce qui est mauvais et ce qui est bon ; mais à côté de tout, Il est le maître). Dieu est plus grand que votre esprit, Dieu est plus grand que votre intelligence, Dieu est plus grand que toute sorte de sciences. La science ne peut pas expliquer Dieu (c'est quelque chose qui est derrière le physique). Dieu ne peut être comparé à personne et il a tout créé par son pouvoir et sa sagesse. Personne ne peut le défier. Il a créé des anges, le diable a été créé par Dieu. Le nom du diable était lucifer, mais après sa chute, il est devenu le diable et tous d'autres anges tombés avec lui sont devenus des démons. Dieu est souverain et Il est le même hier, aujourd'hui et pour toujours. Il n'a pas besoin de créer les anges pour être Dieu, Il n'a pas besoin de créer l'univers pour être Dieu, Il n'a pas besoin de créer des hommes pour être Dieu, Il n'a pas besoin de créer tout pour être Dieu. Il est le même, hier, aujourd'hui et pour toujours. Il ne peut pas changer, Dieu ne peut pas augmenter en puissance, Il ne peut pas augmenter en connaissance, Il ne peut pas diminuer (Il est le même hier, aujourd'hui et pour toujours) ; Il est incomparable. **<<Dieu a dit, je suis qui je suis, c'est pourquoi, tu dois leur dire : "Celui qui s'appelle JE SUIS m'a envoyé vers vous" >>** Exode 3 :14. Cela explique la puissance de Dieu, la suprématie de Dieu ; Dieu incomparable, Il peut tout faire. **<<Je suis le Dieu de toute chose, y a-t-il quelque chose difficile à moi de faire ?>>** Jérémie 32 :27. Vous ne pouvez pas comparer Dieu et le diable, le diable est trop petit pour être comparé à Dieu. Dieu connaît les choses du début à la fin. L'exemple de la promesse d'Abraham peut nous éclaircir sur la puissance et la réalisation des promesses de Dieu. Quand Il a dit quelque chose, la chose va certainement se passer. Dieu a dit dans le livre de Genèse 12 qu'Il bénira Abraham avec les nations, à travers lui, Il bénira toutes les autres nations. Vous aurez vos descendants, ils iront en esclavage dans une autre nation environ 400 ans. Et après, je punirai cette nation et ils seront libres (Genèse 15 :13-14). Nous sommes témoins dans la Bible que la prophétie a été accomplie. Et aujourd'hui, nous sommes témoins de la prophétie de Dieu selon laquelle, par l'intermédiaire des descendants d'Abraham, les nations appartiendront à Dieu. Nous sommes témoins de notre Seigneur Jésus-Christ, qui est le descendant d'Abraham, toutes les prophéties de Dieu s'accomplissent. Jésus-Christ dans le livre de Jean 14 a prophétisé à ses disciples, ils seront des témoins de la puissance de Dieu à Jérusalem. Et dans le livre des Actes 2, nous voyons l'accomplissement de la prophétie. Jusqu' aujourd'hui nous sommes témoins de la puissance de Jésus-Christ démontrée par les croyants. Il y a aussi la grande prophétie de la fin des temps que Dieu a prophétisée dans le livre des prophètes de la Bible (Esaïe, Jérémie, Amos, Ézéchiel, Daniel). Ce sont les prophéties sur la fin des temps, Dieu détruira tout univers et tous les hommes mourront. Si vous appartenez à Christ, vous irez au ciel mais si vous ne recevez pas Jésus-Christ comme votre Seigneur et Sauveur, vous n'irez pas au ciel mais l'enfer. C'est pourquoi, en tant qu'incroyant, vous devez recevoir Jésus-Christ comme votre Seigneur et votre sauveur avant de mourir (vous pouvez voir la première page de ce livre qui peut vous aider à confesser et à recevoir Jésus-Christ) ; nous servons un vrai Dieu ! Dieu est puissant, tout ce qu'Il a dit va se réaliser. Ce n'est pas "peut-être" mais "doit" se réaliser, si c'est "peut-être ", nous ne sommes pas sûrs. Quand Dieu maudit quelque chose, aucun pouvoir ne peut bénir ou donner la solution de la chose, seul Dieu peut le faire (Exode 8-13-14). Dieu peut faire ce dont il a besoin de faire, personne ne peut l'obliger à faire quelque chose. Vous ne pouvez pas trouver faiblesse en Dieu. La Bible dit : Dieu est lumière et il n'y a pas des ténèbres en lui. Vous ne pouvez pas trouver la maladie en Dieu, la douleur en Dieu, les stresses en Dieu, le chagrin en Dieu, vous ne pouvez pas trouver toutes sortes de faiblesses en Dieu. Dieu n'a pas besoin de manger de la nourriture comme vous, parce que manger est une faiblesse (notre corps ne peut pas vivre sans nourriture, c'est pourquoi nous mangeons de la nourriture) ; Dieu n'a pas besoin de dormir comme vous (dormir est une faiblesse). Dieu n'a pas besoin d'avoir du plaisir comme vous (votre plaisir est une faiblesse) ; Dieu ne peut pas avoir de problème, il ne peut pas être vaincu et jamais ! Dieu ne peut pas avoir de stress (sa joie et son bonheur durent éternellement ; vous ne pouvez pas comprendre sa joie et son bonheur). Il n'y a pas un moment où Dieu a une faiblesse (chagrin, stress, tristesse, malheur, difficulté....) et

cela ne se produira jamais. Parce que notre corps est faible, c'est pourquoi nous avons besoin de manger, de dormir, de travailler, de pleurer, nous avons des problèmes, des difficultés ... Mais le jour où nous mourons et prendront le corps de la gloire(paradis), nous jouirons de la vie comme des anges. Il n'y aura pas de chagrin, pas besoin de manger, de dormir au ciel ; notre joie et notre bonheur dureront à jamais (vous ne pouvez trouver aucune faiblesse au ciel). C'est pourquoi un chrétien ne peut pas mourir, mais il ne fait que changer la gloire à la gloire supérieure que l'esprit des hommes ne peut pas comprendre.

Dieu est patient, sa patience démontre sa puissance. La Bible dit que pour Dieu, un jour équivaut à 1000 ans et 1000 ans à un jour. Dieu est amour et son amour démontre sa puissance. Dieu n'a pas besoin de prouver qu'il est Dieu. Dieu est réel, c'est pourquoi vous devez croire en lui, le louer et l'adorer.

Lorsque vous lisez la Bible, vous comprenez que la Bible ne parle pas uniquement de Dieu, mais du monde également. La Bible est la meilleure et la véritable histoire de la création du monde, à laquelle toute science et tout homme doivent se tourner et consulter. Avant de créer le monde, Dieu vous connaît, Il sait comment nous allons naître, dans quelle région, dans quel pays. Dieu est tout-puissant, Il est l'Alpha et l'Oméga.

FOI

La foi selon le livre d 'hébreux 1 :1 **<<La foi est la ferme assurance de ce que nous espérons, la démonstration de ce que nous ne voyons pas>>**. La foi est voir dans l'invisible et manifester ce qui semble être possible ou impossible afin de devenir possible.

La foi a trois dimensions :

PREMIÈRE DIMENSION DE LA FOI

La foi est une substance, la foi est l'ingrédient, l'essentiel dans le christianisme. Pour être chrétien, il faut avoir la foi. Nous sommes sauvés par la grâce au moyen de la foi. C'est parce que vous obéissez à la parole de Dieu en écoutant et en croyant que Jésus-Christ est votre Seigneur et Sauveur, et Fils de Dieu, c'est pourquoi vous êtes sauvés. Nous ne sommes pas sauvés parce que nous sommes meilleurs, mais seulement par la grâce au moyen de notre foi. **« Puisqu'il y a un seul Dieu, qui justifiera par la foi les circoncis, et par la foi les incirconcis »**. Romains 3 :30. **<<parce qu'en lui est révélée la justice de Dieu par la foi et pour la foi, selon qu'il est écrit : Le juste vivra par la foi>>** Romains 1 :17. Cela explique la première dimension de la foi qui vous permet d'être chrétien, vous confessez Jésus-Christ comme votre

Seigneur et votre sauveur par la foi et vous serez sauvés.

DEUXIÈME DIMENSION DE LA FOI (la foi qui peut déplacer les montagnes).

Dans cette dimension, nous franchissons la deuxième étape de la vie chrétienne, c'est la mesure de la foi qui peut vous aider à grandir après avoir reçu Jésus-Christ comme votre Seigneur et sauveur. Cette foi se manifeste à l'écoute de la parole de Dieu. **<<Ainsi la foi vient de ce qu'on entend, et ce qu'on entend vient de la parole de Christ>>** Romains 10 :17. L'ancien testament est aussi le message de l'Évangile de Christ; l'ancien testament existe à cause de Christ; la clé de l'ancien testament est Christ. Paul même prend les Écritures de l'Ancien Testament pour édifier l'Évangile de Christ. Je dis simplement parce que certains pensent que la Bible est seulement dans le nouveau testament. En tant que croyant, vous devez grandir, et comment pouvez-vous grandir si vous n'entendez pas la parole de Dieu ? C'est la raison pour laquelle vous avez besoin d'entendre le message qui peut vous aider à prendre une autre dimension de votre vie spirituelle. Vous devez vous nourrir par le message de Dieu qui est dans la Bible ou écrit par ses serviteurs pour grandir dans la foi. Je suis ici pour eclairer le message sur la puissance de Dieu ; pour embrasser la puissance de Dieu, vous devez entendre le message sur la puissance de Dieu. En tant que croyant, vous devez avoir soif de la puissance qui vous est donnée. Vous devez vous nourrir de la parole de la foi pour pouvoir grandir. Comme je l'ai dit, si vous n'avez pas entendu le message de qui vous êtes en Christ, comment pouvez-vous croître ? Le livre de mathieu 21 :21-22 dit :« **Jésus répondit : Je vous assure que si vous croyez et ne doutez pas, vous pourrez faire ce que j'ai fait à ce figuier. Et non seulement cela, mais vous serez capable de dire à cette colline, lève-toi et jette-toi dans la mer, et elle le fera. Si**

vous croyez, vous recevrez tout ce que vous demanderez dans la prière ». Cette Écriture nous montre la mesure de la foi qui aide un chrétien à opérer dans miracles et les prodiges. Les hommes que Dieu élève dans ce monde pour impacter sa puissance, agissent avec cette mesure de la foi. C'est la mesure de la foi que rien ne vous est impossible, vous parlez à la nature et elle obéit. C'est la foi qui peut déplacer les montagnes. Tout chrétien peut opérer avec cette mesure de la foi, si vous vous donnez à cela. Vous pouvez commander à la montagne de se placer à l'autre endroit, c'est la mesure de la foi qui secoue les montagnes. Toute chose que vous demandez par la foi se réalisera, c'est pourquoi vous avez besoin de parler à votre situation, difficile ou pas afin de disparaître. Toute situation obéira à la foi. Vous devez avoir la foi en cette parole que Jésus-Christ a dite. Vous devez savoir que Dieu n'est pas un homme qu'il peut mentir, vous devez croire en lui, vous obéissez à Dieu par la foi et il vous répond. Jésus, quand Il marchait sur l'eau, a dit à ses disciples, si vous croyez en moi, vous pouvez faire ce que je fais, même plus. C'est pourquoi, si vous croyez en Christ, vous pouvez marcher sur l'eau physiquement ; si vous croyez en Christ, vous pouvez marcher dans l'air.

La foi ne peut pas vous décevoir, si vous avez la certitude que cela est fait, il se fera. Ce que vous décréterez et déclarerez avec foi et ne douterez jamais, cela s'accomplira. Même maintenant, en lisant, vous pouvez aller et déclarer par la foi à vos situations de quitter, la foi ne peut pas vous décevoir. Vous pouvez commencer à agir dans la foi, le premier jour, vous avez donné votre vie à Christ ; vous pouvez automatiquement commencer à guérir les malades,
à opérer dans les prodiges et les miracles le même jour, après recevoir Jésus-Christ comme votre Seigneur et Sauveur. La Bible dit que Dieu n'accorde aucune limite à la foi et que la foi ne donne aucune limite à Dieu. Ne limitez pas Dieu et

ne vous limitez pas vous-mêmes. Ayez l'esprit de Christ, et les malades seront guéris, les aveugles verront, celui qui ne peut pas marcher marchera ; marchez avec la possibilité de tout type de situation même si cela est impossible, ne limitez pas Dieu. Détruisez votre peur, ayez confiance en vous et en Dieu, vous pouvez le faire. Chaque croyant peut agir avec la puissance de Dieu.

Lorsque vous déclarez la parole avec foi, Jésus-Christ se manifestera sûrement, il appartient à vous de manier votre foi. Par exemple si vous déclarez une guérison instantanée aux malades, il se fera. Et si vous croyez et déclarez aux malades pour être guéris après quelques jours, cela sera fait pour vous en accord avec votre foi. Jésus-Christ répond en fonction de votre foi. N’embrassez pas la faiblesse ; c’est pourquoi si vous croyez que au moins vous ne prenez pas le médicament, vous ne pouvez pas être guéris ;cela se fera egalement ;sans medicament ;vous ne serez pas gueris. Dieu est un Dieu du surnaturel, Il n’a pas besoin de l’aide d’un docteur pour vous guérir. N’attendez pas que la faiblesse se produise dans votre vie. Il est difficile pour les gens d’embrasser quelque chose qui puisse leur donner plus de pouvoir que la faiblesse. Bien aimes, il faut parfois avoir de l’insomnie pour la puissance de Dieu, vous devez être sans sommeil pour la manifestation de votre miracle. Lorsque vous déclarez quelque chose par la foi, croyez que Jésus-Christ la fera. Si vous avez la foi en Dieu, vous pouvez faire des grandes choses. C'est la raison pour laquelle les hommes et femmes qui opérent avec la foi sont persécutés, parce qu'ils font ce que les humains ne peuvent pas comprendre. Si vous commencez à opérer dans la foi, ils vous persécuteront, ils diront, vous utilisez le pouvoir magique. En lisant les Écritures, Jésus-Christ a dit que rien n’est impossible pour une personne qui a la foi, et lorsque vous lisez le livre de Luc, la Bible dit : **« Rien n’est impossible** à **Dieu »**. Avec la foi, vous agissez comme Dieu, c'est pourquoi beaucoup de serviteurs de Dieu font l'impossible. Ils peuvent ordonner à une personne qui est courte de grandir instantanément, ils peuvent ordonner à une personne de perdre du poids instantanément, ils font beaucoup de choses qu'aucun homme ne peut comprendre. Leur pouvoir n'est pas magique. Si vous mettez votre foi en Dieu, vous pouvez ordonner à l'argent d'apparaître physiquement. La Bible dit que, lorsque Jésus et Pierre veulent payer leurs impôts, il a envoyé Piere à aller chercher de l'argent dans la gueule du poisson (mathieu 17 :24-27). Jésus-Christ est le même, hier, aujourd'hui et pour toujours. Il est toujours dans l'affaire des miracles. Il a dit que si vous mettez votre foi en moi, vous pouvez faire ce que je fais, même plus parce que je vais au père. Bien aimés si vous perdez votre téléphone, Dieu peut apparaître votre téléphone dans votre poche. Si vous perdez votre voiture,

Dieu peut apparaître votre voiture dans votre parking, ne limitez pas Dieu. Chaque situation (grande ou petite), bien-aimés, vous avez reçu le pouvoir dans votre bouche pour la commander à la manifestation. La puissance de Dieu n'a rien à voir avec la théologie, mais tout avec le Saint-Esprit, qui vous permet de faire la différence. Pour fonctionner, vous avez besoin de plus que de la prédication, vous devez être capables de vous tenir devant une personne qui est entrain de mourir, et en public, et dit : "lève-toi et marche". Les mots sont peu coûteux ; beaucoup de gens ne savent que parler. Ce qui est puissant va vous coûter cher. Vous devez opérer dans la puissance de la foi et cela commence par vous, cela vous ouvre les portes. Une fois que la puissance de Dieu vous a touchés, vous commencerez

à affecter la vie autour de vous. Si vous avez besoin de vaincre le diable, vous avez besoin de plus que votre éducation. La puissance de la foi vous allume, et une fois que vous avez le feu, l'ennemi ne peut pas vous atteindre. Bien-aimés, vous devez pouvoir sortir et commander aux aveugles de voir, aux sourds d'entendre, à la personne qui ne peut pas marcher de marcher. Vous pourrez même marcher sur l'eau et l'air, rien ne vous est impossible. Le problème est que vous vous limitez, si vous ne faites pas ainsi, vous verrez des grandes choses que Dieu fera pour vous. Vous n'avez pas besoin que quelqu'un prie pour vous pour que vous receviez la puissance de Dieu ; si vous avez la foi, la puissance de Dieu vous localisera. Personne n'a imposé des mains sur moi afin de recevoir la puissance de Dieu. Parce que j'ai lu et que j'ai écouté des tels messages de la puissance,qui m' ont permis

à se lever en puissance et je peux exercer le pouvoir surnaturel de Dieu ; je peux prier et les malades peuvent etre guéris instantanément; beaucoup témoignent des différents types de guérisons (VIH, diabète, tension...), et d'autres prodiges et miracles.La foi est la clé,même si vous écoutez les messages et pour que ceux-ci deviennent une réalité dans votre vie, vous avez besoin d' avoir la foi. Lorsque vous avez le don de Dieu et que vous n'avez pas la foi, ce don ne peut pas être activé. Vous avez besoin de la foi, détruisez votre peur et doute, et embrassez la puissance de Dieu. Par la foi, David s'est tenu devant le géant Goliath et dit que je vais avoir la victoire sur toi. La foi vous rend sans peur, vous n'avez pas peur de n'importe quel genre de situation (grande ou petit, longue ou courte). Nous voyons dans les Écritures que David a dit à Goliath : Aujourd'hui, le Seigneur te livrera à moi, je vais te tuer et je te couperai la tête. Alors la foi vous donne l'assurance de votre victoire, la foi vous donne la victoire avant la bataille. Avant de vaincre votre problème, vous savez votre victoire par la foi, rien ne peut vaincre la foi. C'est pourquoi, quand vous voyez un gros problème devant vous, n'ayez pas peur, mais regardez votre foi en Jésus-Christ. La foi peut vaincre tout problème ! C'est pourquoi, lorsque le médecin vous dit que vous êtes malades, répétez-le : **"Je n'ai pas de maladie"**, parce que la Bible dit dans la montagne de Sion qu'il n'y a pas de maladie ; la Bible me dit aussi, par ses blessures, nous sommes guéris. Vous devez pouvoir dire au médecin : examinez mon corps maintenant ; si vous pouvez trouver une maladie. **« Je sais qu'Il est mon Seigneur, il agira. Je fais confiance en lui et Il me guérira »**. Lorsque vous etes malades, continuez à déclarer et à croire en votre guérison. Le médecin peut dire que vous avez deux jours pour vivre, mais que vous vous tournerez vers votre Dieu et avoir foi, vous vivrez ; vous ne mourrez pas. La foi en Dieu vous renforce, ne vous sentez pas que rien ne fonctionne avec vous. Même s'il est difficile pour vous de faire confiance, forcez-le, faites confiance, même quand vous ne sentez pas Dieu à vos côtés. Promenez-vous avec la foi et n'acceptez pas les faiblesses dans votre esprit. La foi en Dieu vous fait penser en des grandes choses. La foi en Dieu est plus qu'une majorité. La foi est libérée dans votre cœur et non dans votre bouche. C'est pourquoi beaucoup de gens disent : j'ai la foi mais Dieu ne m'a pas répondu. La foi est la ferme assurance (hébreux 11 :1), votre cœur et votre esprit croient et sont d'accord du miracle. La foi ne peut pas vous décevoir. Si vous avez vraiment la foi, vous verrez la manifestation de votre miracle. Le pouvoir de la foi lave votre esprit, et vous ne pouvez pas accepter les faiblesses. La foi en Dieu n'est pas une faiblesse. La foi en Dieu vous aide à passer de gloire à gloire. Si vous êtes vraiment l'homme de foi, vous ne pouvez pas dire **« j'ai la foi, mais je n'ai pas vu la manifestation de mon miracle »**. Dieu ne peut pas mentir. Il sait tout, Il peut tout faire et Il est prêt à tout faire. Il y a une mesure de foi qui se manifeste aucours des procédures. À ce niveau, vous continuez à croire en Dieu et à prier jusqu'à ce que vous voyiez la manifestation de votre miracle. L'histoire de Jacob dans le livre de Genèse 32 :23- 24 peut vous édifier. Nous voyons dans cette Écriture, Jacob s'est battu avec l'ange de Dieu et a dit à l'ange au moins que tu ne me bénisse, je ne te laisserai pas partir. Et par la suite, le nom de Jacob est devenu Israël et Dieu l'a béni. Gardez la foi jusqu'à ce que vous voyiez votre destin et que votre vision s'accomplir. Parfois si vous avez un problème ou une maladie, Dieu veut que vous attendiez, et en attendant, Il attend de vous d'avoir confiance en Lui. Il veut que vous continuiez à croire jusqu'à ce que vous soyez guéris. Si vous commencez à pleurer, vous commencez à dire que Dieu ne m'entend pas ; vous allez couper votre miracle. Votre miracle ne peut pas arriver à cause de votre doute. Restez sur la foi, n'abandonnez pas. Ayez les yeux de l'aigle, l'aigle est un animal qui n'abandonne jamais, même dans la tempête et le vent, l'aigle continue à se concentrer sur sa proie jusqu'à ce qu'il la capture à 5 km. C'est pourquoi n'abandonnez pas votre vision si loin qu'elle puisse être, même lorsque vous faites face aux problèmes, continuez à persévérer jusqu'à l'accomplissement, ayez les yeux de l'aigle. La foi n'est pas de l'arrogance, mais la foi est une audace qui loue Dieu. Vous ne croyez pas en vous-même, vous ne croyez en personne mais en Dieu.En faisant cela, vous donnez gloire à Dieu qui peut tout faire. Ne vous occupez pas des critiques des gens. Ils peuvent dire que vous êtes arrogants, ils peuvent dire tout ce dont ils ont besoin ; mais continuez à louer votre Dieu par votre foi. La Bible dit par la foi, Abraham est devenu ami de Dieu. Seul que par la foi, vous pouvez plaire à Dieu. La foi peut agir dans tous les domaines de votre vie, vous pouvez avoir confiance pour vos études, vous pouvez avoir confiance pour vos finances, pour votre famille, pour tout. La Bible dit : mettez votre foi en Dieu et ne vous liez pas à votre propre compréhension. Ayez la foi et tenez toujours compte de ce qui peut vous fortifier.

Attendez-vous toujours à aller de gloire en gloire, de succès en succès, de niveau en niveau. N'attendez jamais l'échec. Même si d'autres personnes tombent autour de vous, vous n'êtes pas eux ; continuez à avoir foi en que vous ne pouvez pas échouer. Psaumes 91 : 7 dit : **<<Un millier peut tomber mort à côté de vous, dix mille tout autour de vous, mais vous ne serez pas atteints>>**. Ne laissez pas la situation d'autrui vous influencer, vous êtes spécials ; mettez votre foi en Dieu. Ne vous attendez jamais à être malades. Si vous avez la foi que vous ne mourrez pas avant votre temps, il se fera. Psaumes 91: 1-2 **<<Qui se place à l'abris du Dieu très haut et se met sous la protection du Tres-Grand, celui-là dit au Seigneur "tu es la forteresse ou je trouve refuge, tu es mon Dieu j' ai confiance en toi">>**. Dans le Psaume 91: 14 ; Dieu dit que **<<je sauverai ceux qui m'aiment et protégerai ceux qui me reconnaissent comme Seigneur. Quand ils m'appelleront, je leur répondrai. Je les sauverai et les**

honorerai. Je les récompenserai avec une longue vie, je les sauverai>>.

Vous devez activer votre foi pour pouvoir profiter des promesses de Dieu. La raison pour laquelle de nombreux chrétiens meurent avant l'heure, souffrent, confrontent toute sorte de problèmes, c'est à cause du manque de confiance de leur part. Bien aimés si vous faites confiance au Seigneur, Il ne vous laissera pas tomber. Détruisez votre peur et faites confiance au Seigneur ; il ne vous laissera jamais faire face au grand problème. Il ne vous laissera jamais faire face à la grande tentation parce que vous le connaissez comme votre Seigneur. Vous êtes confrontés aux gros problèmes, vous vivez dans les stresses, c'est parce que vous ne faites pas confiance au Seigneur. Croyez Dieu pour vos finances, car le Seigneur qui peut donner le pouvoir de créer les biens. Vous pouvez avoir foi en Dieu pour etre milliardaire, oui, vous le pouvez. Je vais ouvrir un support ici pour édifier les fils et filles de Dieu qui me lisent et ne croient pas en la prospérité du Seigneur. Bien aimés, Dieu peut vous faire prospérer, Il est disposé à le faire, si vous placez votre confiance en lui. Il est disposé à vous faire milliardaire si vous placez votre confiance en lui. La prospérité n'est pas diabolique. La prospérité n'a rien à voir avec le diable, notre Dieu est un Dieu riche ; Il a dit l'or et l'argent m'appartiennent. La prospérité est la nature de Dieu. Dieu n'est pas pauvre, Dieu est riche, Il attend de vous afin que vous prosperiez. Lorsque Dieu a choisi Abraham, il l'a rendu riche ; Il a rendu Isaac riche, Il a rendu Jacob riche. Il a fait de Salomon l'homme le plus riche de son temps. Dieu est toujours dans l'affaire de prospérer son peuple, ce n'est pas dans l'ancien testament seulement. Dieu ne peut pas vous maudire avec la pauvreté. Il veut que vous prospériez, que vous soyez joyeux. Dieu se réjouit quand il voit son peuple se réjouir. C'est le diable qui a besoin que vous soyez pauvres, car il veut que vous souffriez. Ne pas embrasser la faiblesse, embrassez ce qui peut vous fortifier ; la prospérité vous donne le pouvoir, vous fortifie. Touchez le ciel et transformez la terre avec votre foi. Vous êtes nés pour gagner toujours, vous êtes nés pour l'abondance, possédez votre droit de naissance. Vous n'êtes pas nés pour être pauvres ! Vous pouvez vivre sans stresse si vous mettez votre foi en Dieu. Vous ne pouvez pas échouer si vous avez foi en Dieu. Comment un homme de foi peut-il échouer ? Il a mit sa foi en lui-même ? Il a mis sa foi en Dieu, et rien ne peut le vaincre. Si vous avez la conviction que personne dans votre famille ne mourra avant son heure, cela se fera pour vous. Le diable est très faible, et la chose qui peut montrer sa faiblesse est la **"foi"**. Si vous avez la foi, vous verrez à quel point le diable est faible. Dieu le mettra sous vos pieds. Comment le diable peut-il jouer avec quelqu'un qui fait confiance en Dieu ?

Lorsque vous mettez votre foi en Dieu ; Il ne peut pas vous amener trop loin et vous laisser seul. N'ayez peur de rien, placez votre confiance en Dieu. Jésus-Christ est plus puissant que tout pouvoir ! Fermez toutes les portes de votre vie par la foi et ne laissez aucune porte au diable de jouer avec vous. La foi ne nie pas les problèmes ; même si le doute vient, concentrez-vous sur votre foi. La Bible dit que **<<celui qui crois que Jésus-Christ est le fils de Dieu a vaincu le monde. Ce qui nous aide à vaincre le monde, c'est notre foi>>** 1 Jean 5 : 4- 5. C'est pourquoi ne laissez pas votre environnement vous influencer, ne laissez rien autour de vous vous influencer. Quelle que soit la situation à laquelle vous faites face, vous êtes vainqueur. "J'ai foi en Dieu, je ne vais pas échouer, je suis un conquérant ! La victoire est ma part, je gagnerai toujours mes batailles, je suis la tête et non la queue, je réussirai dans tout. Plus grand est celui qui vit en moi plus que celui qui règne dans ce monde." Gardez cette déclaration de la sorte, chaque jour, et vous verrez des choses commencer à changer dans votre vie. Bien-aimés, vous êtes les vainqueurs, car ce qui est né de Dieu a vaincu le monde. La raison pour laquelle beaucoup réussissent n'est pas parce qu'ils sont meilleurs mais ils ont compris le mot "foi" qui peut leur donner tout ce dont ils ont besoin. Si vous avez la foi en Dieu, vous pouvez réaliser en un an ce que les autres peuvent réaliser en dix ans. La foi accélère aussi le niveau de votre vie. La foi opère au-delà de l'imagination, elle est spirituelle. La foi vous aide à maîtriser votre vie, la foi peut vous aider à grandir plus rapidement dans votre vie spirituelle, elle vous donne la vitesse. La foi vous aide à obéir à Dieu, quand vous avez foi en Dieu, vous commencerez à lui obéir, quand vous avez foi en Dieu, vous commencerez à obéir à ce que Dieu vous dit. Si Dieu vous dit de donner votre voiture, votre maison pour son oeuvre, vous obéirez. C'est la même histoire à propos d'Abraham, lorsque Dieu lui a dit de donner son fils Isaac comme un holocauste. Ce que nous comprenons, Dieu n'a pas ressuscité les morts dans le temps d'Abraham, mais Abraham, à cause de sa foi en Dieu, a obéi de donner son fils. Il savait que Dieu pouvait donner la vie à son enfant. Sans la foi, il sera difficile d'obéir à Dieu. La foi n'est pas chair mais la foi est spirituelle, l'apôtre Paul a dit que nous ne marchons pas par la vue, mais par la foi. La foi est la clé de la chose que vous devriez avoir lorsque vous voulez construire votre relation avec Dieu. Parce que la foi en Dieu vous aide à voir Dieu dans l'esprit, même si nous ne pouvons pas voir Dieu physiquement. Par la foi, vous pouvez sentir Dieu à vos côtés, par la foi, vous pouvez connaître Dieu et son fonctionnement. La foi vous aide à travailler plus ; sans la vous allez vous coucher à 18h et vous vous réveillerez à 11h. Vous sentez la vie lourde, vous vous sentez comme une personne de rien. Bien-aimés, vous devez vous lever avec foi pour vaincre votre peur. Seuls avec la foi, vous pouvez commencer des affaires avec le peu que vous avez. L'homme de foi n’a pas besoin du public, car il travaille avec Dieu, il n’a pas besoin que les gens l'applaudissent. La foi vous donne la connaissance de Dieu, la foi ne vous décevra pas !

LA FOI DE RECEVOIR UNE PERCÉE FINANCIÈRE

Si vous priez pour les finances, le travail, vous devez faire quelque chose. Par exemple, si vous voulez que Dieu vous fasse prospérer, vous devez vous aligner pour recevoir votre percée en faisant quelque chose. Vous devez financer le Royaume de Dieu, vous devez payer votre dîme, vous devez aider les gens qui sont dans le besoin. Demandez toujours à Dieu de vous bénir avec les finances pour un but : financer son évangile. C'est pourquoi vous devriez commencer dès maintenant à aimer donner à Dieu ce que vous avez. Combien de peu vous avez, vous devez le donner à Dieu.Comme la femme qui a touché le vêtement de Jésus-Christ, vous aussi, vous devez toucher le vêtement de Jésus-Christ avec vos finances. Car Jésus a dit, si vous n'êtes pas fidèle avec la petite chose, qui vous dit que vous aurez beaucoup de choses. Certains chrétiens, bien-aimés, ne croient pas aux dimes, ne payent de la dîme, ni ne financent le royaume de Dieu. Si les gens le leur disent, beaucoup pensent, ils leur mentent pour prendre leur argent ; mais laissez-moi vous dire, le jour où Dieu vous dévoilera le secret de la semence, vous volerez comme un aigle, vous réglerez vos problèmes financiers. Dieu veut que vous financiez son royaume avant de vous accorder la bénédiction, c'est pourquoi certains disent : j'ai foi pour mon travail mais je n'ai rien vu ; j'ai confiance pour mes finances, mais je n'ai rien vu. Il y a vraiment de faux prophètes, mais ce ne sont pas tous les prophètes qui sont faux. L'argent ou la semence, vous pouvez donner à votre prophète (pasteur, apôtre, ...) aux églises charismatiques et apostoliques qui permettent la semence et les dîmes. Ils peuvent prier pour vous et Dieu vous ouvrira la porte. C'est pourquoi vous devez donner l'argent sous l'onction d'un homme de Dieu et par sa prière, ce que vous avez donné se multipliera pour vous. Vous avez besoin du sacrifice pour les portes financières. Vous pouvez donner votre argent selon le Saint-Esprit. 2 corinthiens 9 :6-8 **<<Rappelez-vous que la personne qui sème peu les semences auront une petite récolte ; celui qui sèmera beaucoup aura une grande récolte. Vous devrez donc chacun donner, comme vous l'avez décidé, pas avec regret ni avec obligation, car Dieu aime ceux qui donnent avec joie Et Dieu est capable de vous donner plus que ce dont vous avez besoin, de sorte que vous aurez toujours tout ce dont vous avez besoin et plus pour chaque bonne cause>>**. Bien-aimés, dans la Bible, Dieu a dit, mon peuple périt faute de la connaissance. Je suis ici pour vous édifier à connaitre le pouvoir de la semence, le pouvoir de la dîme, le pouvoir de donner. Si vous donnez, Dieu vous bénira. Ainsi, vous devez avoir foi en Dieu concernant vos finances et aimer donner à Dieu.Soyez celui-là qui aime financer l'œuvre de Dieu.

Surtout pour les hommes et femmes d'affaires, je vous appelle à être un financier du royaume et vous verrez que Dieu vous ouvrira les portes.

COMMENT POUVEZ-VOUS MARCHER AVEC FOI

La foi peut être utilisée à tout moment, vous pouvez marcher avec la foi pour toujours. C'est pourquoi vous avez besoin de l'esprit de foi. Dans vos études, votre travail, vous pouvez marcher avec foi pour bloquer le joug de l'ennemis dans votre vie. Si votre foi n'est pas permanente, le diable entrera dans votre vie et assombrira certaines parties de vos vies qui ne sont pas protégées par la foi. Bien-aimés, Dieu est déjà fidèle, c'est pourquoi vous devez marcher dans la foi de manière permanente. Si vous laissez la peur entrer de nouveau dans votre vie, vous ferez de la confusion dans ce que vous faites. Dieu ne peut vous abandonner, tout ce qu'il attend de vous, c'est d'avoir confiance en lui. C'est pourquoi vous avez besoin de connaître Dieu, de lire la Bible et de prier. En le faisant, vous gardez Dieu dans votre esprit, vous savez comment Il est et ce qu'Il est capable de faire ; et alors vous pouvez marcher tous les jours dans la foi sans problème. Votre foi doit être en Dieu. Si vous ne connaissez pas Dieu, il vous sera difficile de marcher dans la foi. Parce que votre esprit et le diable vous communiqueront des mots qui vous feront peur ou avoir des doutes. Mais si vous savez comment est Dieu, vous marcherez grand, vous marcherez toujours avec puissance. C'est pourquoi vous devez lire et relire la Bible. Si vous avez fini de lire la Bible de Genèse à l'Apocalypse ; ne vous arrêtez pas ; redémarrez et relisez pour finir, ne vous arrêtez pas de lire la Bible. Même si vous la relisez plus de mille fois ; vous aurez toujours des nouvelles révélations.

La lecture de la Bible lave votre esprit ; la lecture de la Bible vous édifie et peut vous aider à marcher toujours avec foi. Vous devez également comprendre le pouvoir de la louange et de l'adoration qui peut vous permettre de marcher dans la foi. La louange et l'adoration vous bénissent, elles renouvèlent votre esprit, la louange et l'adoration détruisent votre peur ; la louange et l'adoration vous rendent forts. Plus vous louez et adorez Dieu ; Il vous laisse comprendre quelque sagesse de Lui, Il vous laisse comprendre quelque connaissance de lui. Et quand vous avez la sagesse et la connaissance, cela développera une puissance de la foi en vous. Aimez danser devant Dieu, aimer prier devant Dieu. Ne laissez pas les gens de votre environnement vous interrompre lorsque vous dansez et priez devant Dieu. Vous devez comprendre pour réussir dans votre vie, vous devez d'abord réussir dans le monde spirituel, et vous reviendrez au monde physique. Par exemple l'homme qui a créé l'ordinateur ; ne l'a pas créé directement, mais il l'a d'abord bien pensé. Vous aussi, avant de faire quelque chose, vous pensez d'abord. Votre pensée est dans l'esprit ; votre pensée n'est pas physique. C'est pourquoi ne laissez aucun homme ni aucune femme vous troubler lorsque vous recherchez la face de Dieu, ou vous cherchez les choses spirituelles. Car en recherchant la face de Dieu ; vous avez besoin que quelque chose soit bonne dans votre vie, dans votre vie physique. Vous devez marcher avec foi. Le résumé de cette partie est que la foi vient par des enseignements et des connaissances ; si vous ne connaissez pas, par comment pouvez-vous avoir la foi !

LA FOI POUR VAINCRE L'ENNEMI

Pour vaincre le diable, vous avez besoin de la foi, pour lutter contre le diable, vous avez besoin de la foi. Ayez l'audace de Dieu en vous. Bien-aimés, si le diable se lève contre vous et vous avez peur, il continuera davantage à troubler votre vie. Mais si vous restez dans la foi, le diable qui court après vous s'arrêtera et retournera par le feu. Vous ne pourrez vaincre le diable que par votre foi. Il y a un témoignage sur un jeune homme qui connaît le pouvoir de la foi. L'histoire est la suivante : de nombreux autres chrétiens ne parvennaient pas à chasser le diable qui a possédé une fille. La fille qui se tenait devant eux est devenue forte et les a menacés, il y a un jeune homme que les gens ne connaissaient pas auparavant ; il se leva au milieu des gens et vint devant la jeune fille. Quand la jeune fille le voyait, elle cessait de faire la force. Le jeune homme dit au diable qui a possèdé la jeune fille : “ diable, tu n'as pas de pouvoir”. Et le diable a secoué la jeune fille et est sorti d’elle. La raison pour laquelle les premiers chrétiens n’ont pas été en mesure de chasser ce démon, c’est à cause de leur manque de foi. Mais ce jeune homme plein de foi venait et se placait devant le diable pour le chasser. Vous avez besoin de l'audace, vous avez besoin d'une foi qui puisse déplacer les montagnes. Lorsque les disciples de Jésus Christ n’ont pas été en mesure de chasser le démon. Ils demandèrent à Jésus pourquoi ils ne pouvaient pas chasser ce démon, et Jésus leur répondit:<<c'est à cause de manque de foi>>. **<<Puis les disciples vinrent à Jésus en privé et lui demandèrent : pourquoi nous n’avons pas pu chasser ce demon, c'est parce que vous n'avez pas assez de foi, répondit Jésus. Je vous assure que si vous avez une foi aussi grosse qu'une graine de moutarde, vous pouvez dire à cette colline, vas d'ici là ! et ça ira. Vous pourriez faire**

n'importe quoi>> Mathieu 17 :19-20. Bien aimés le diable a été vaincu, le Seigneur l'a mis sous vos pieds. Alors vous devez vous lever contre lui avec foi pour qu'il soit chassé. Vous avez besoin d'avoir la colère contre le diable, développez la sainte colère contre lui. Martin Luther quand avait fini de prier et que soudainement une grosse chose tombait dans sa chambre, et quand il se tourna et ouvra sa lumière, il vit un vilain démon dans cette chose et il éteignit sa lumière et dit <<diable juste toi>> et il retourna dans son lit pour dormir. Bien-aimés le diable n'a pas le pouvoir sur vous. Le Seigneur Jésus Christ l'a déchu il y'a longtemps, vous devez savoir cela et détruire votre peur. Lorsque vous avez peur, le diable se montrera davantage à vous. Vous devez vous lever contre votre peine, vous devez vous lever contre votre problème et dire au diable <<plus jamais dans ma vie, ton règne de terreur dans ma vie est terminé, diable, arrêtes de jouer avec ma vie, arrêtes de jouer avec ma

famille, arrêtes de jouer avec mes enfants. Je t'arrête et je te chasse hors de ma vie>>. Le diable a peur de votre foi, il n y a rien qui puisse troubler le diable comme votre foi.

Le diable est déjà après tout dans votre vie. Le diable n'a pas d'amour même pour ses démons. Le diable est après chaque personne, si vous avez du muscle ou pas, que vous soyez président de la république, que vous soyez riches ou pauvres. Certains chretiens ne se donnent pas aux combats spirituels en disant ne provoque pas le diable. Bien-aimes si vous provoquez le diable ou pas, il est derrière vous. Et se lever contre lui par les prières des combats n’est pas une provocation mais une réclamation de ce qui vous vient de droit. Vous souffrez déjà des finances, de travail, de mariage, dans votre famille, de santé, de paix, de joie et vous n’êtes pas d’accord sur les combats spirituels ? Vous n'êtes pas en possession de votre possession et vous n'êtes pas d'accord avec le combat spirituel ? Vous devez savoir cela et vous aurez votre libérte. Combattez pour votre liberté, combattez pour votre témoignage, combattez pour votre famille, combattez pour votre destinée ; le diable est après tout. Vous échouez et échouez encore dans votre carrière, c'est à cause du diable. Parlez de la vie dans votre vie pour apporter votre délivrance. Ce que vous avez besoin de savoir, il y a du pouvoir dans votre bouche, quand vous déclarerez une chose, vous verrez la manifestation.

NE PERDEZ PAS DE L 'ESPOIR

Ne perdez pas de l'espoir, l'espoir est un sentiment de confiance que quelque chose va se passer dans votre vie. Il donne à quelqu'un la joie que quelque chose de bon est sur le point de se produire. Si vous avez de l'espoir, vous en tirerez un témoignage. Au moment de trouble, la chose qui maintient l'esprit en paix est l'espoir. L'espoir est cette chose qui vous dit qu'à tout moment quelque chose de positif se manifestera. A cause de l'espoir, vous êtes convaincus que si ce que vous attendez de Dieu ne se manifeste pas maintenant, il doit apparaître demain. L'espoir est si important que vous devez savoir quelques choses à ce sujet. L'espoir ne déçoit pas et garantit des choses dans la vie. Un homme qui perd de l'espoir n'a pas la foi. Vous pouvez être malades, vous pouvez dire que la situation ne s'améliore pas ; il faut continuer à regarder Dieu à cause de la chose**<<espoir>>.** L'espoir vous aide à voir au-delà de votre vie courante. L'espoir peut vous aider à voir qu'il y a de la lumière, malgré toutes les ténèbres qui vous entourent. C'est à cause de l'espoir que nous nous levons pour dire : **« Les pleures peuvent durer la nuit, mais la joie vient le matin »**. Si vous n'avez pas de l'espoir, vous ne verrez pas le matin, vous ne profiterez donc pas de la joie du demain. Si vous êtes sans espoir, rien ne peut être fait pour vous. Cela signifie que vous êtes hors la foi. Bien aimés, il est important de noter que tant que vous êtes en vie, votre Rédempteur reviendra pour vous. La Bible dit qu'il y a de l'espoir pour les vivants. La situation de Lazare s'aggrave et il mourra. Pourquoi est-ce que Jésus n'est pas venu immédiatement ? Ce que nous apprenons de cet incident est que Dieu n'est jamais en retard. Lorsque Jésus est venu, il a dit : **<<déplacez la pierre>>**, et il a ressuscité Lazare. Si vous savez comment

Dieu agit, vous aurez de l'espoir. Si vous n'avez pas d'espoir, alors vous allez recourir à des choses en essayant d'échapper à la réalité de votre situation mais rien ne se matérialisera. Ne perdez pas de l'espoir, peu importe la gravité de la situation - gardez votre espoir. Si votre vie a été sauvée, vous devez savoir que vous êtes destinés pour la grandeur. Christ est notre espoir de gloire. Parce que vous avez Christ, lorsque vous vous trouvez au milieu d'épreuves et des tribulations, vous pouvez avoir de l'espoir. Vous pouvez espérer que vous passerez de gloire en gloire et de réussite en réussite, parce que Christ est en vous et que vous êtes en lui. Vous pouvez dire que votre situation est mauvaise, que vous avez jeûné et que rien ne se capitalise ; ne perdez pas de l'espoir. Si ce n'est pas bon aujourd'hui, ça sera bon demain.

Gardez toujours de l'espoir et cela vous aidera à rester concentrés. L'espoir vous aide à:

- Garder votre esprit ensemble. Si vous supprimez de l'espoir hors de votre maison, cette maison sera détruite.

- Garder votre joie au milieu des vents et des tempêtes. Notre joie dépend des choses qui sont à l'intérieur nous, pas sur des choses qui sont à l'extérieur de nous.

- Ne pas compromettre. Si vous ne mangez pas aujourd'hui, vous mangerez sûrement demain. Soyez calmes ; Dieu n'est pas un homme et il ne mentira pas. Ce qu'il dit, s'accomplira.

- Ne pas baisser les bras et à ne pas changer de camp. Vous changez de camp parce que vous avez perdu de l'espoir. Il n'y a absolument rien que Dieu ne puisse faire. L'espoir garde vos rêves en vie. Vous travaillerez encore plus dur parce que vous avez de l'espoir. Si vous avez de l'espoir, vous prierez davantage, vous vous donnerez plus à Dieu et vous consacrerez plus à l'œuvre de Dieu.

Pour que vous ayez de l'espoir, vous avez besoin de la foi. L'espoir est la foi, mais votre foi est une attente, vous voyagez avec votre foi. Ce n'est pas la foi pour avoir votre miracle maintenant, mais c'est de garder la foi jusqu'à ce que vous voyiez la manifestation de votre miracle. Si Dieu vous a bénis avec des finances, du travail ; pour votre mariage et santé, Il a besoin que vous patientiez, il a besoin que vous ayez de l'espoir jusqu'à la manifestation. Bien aimés, si vous avez besoin de réussir, vous avez besoin d'espoir. Les meilleures personnes sont les gens qui n'abandonnent jamais et ne cèdent jamais. La persévérance vous ouvre les portes, la persévérance vous rend meilleur. Si vous comprenez le pouvoir de l'espoir, vous attendrez du Seigneur jusqu'à ce que vous voyiez la manifestation de votre bénédiction. Le livre des colossiens 1: 27 **<< Le plan de Dieu est de faire connaître son secret à son peuple, ce secret**

riche et glorieux qu'il possède pour son peuple. Et le secret est que Christ est en vous, ce qui signifie que vous partagerez la gloire de Dieu >>. Si vous lisez dans l'autre version, la Bible dit : Christ en vous, l'espérance de la gloire. Lorsque vous avez reçu Jésus-Christ comme votre Seigneur et Sauveur, Il vit en vous et vous vivez en lui. Alors le Christ doit être le centre de votre vie, le Christ doit être tout pour vous car Il garantit votre vie. Christ en vous, vous garantit que vous êtes nés pour gagner toujours, vous êtes nés pour l'abondance, vous êtes plus que conquérant ! Christ doit être votre espoir, que lorsque vous Le regardez, vous vous sentez bien, vous vous sentez joyeux.

Hébreux 12:2 dit **<<Gardons les yeux fixés sur Jésus, qui nous a ouvert le chemin de la foi[a] et qui la porte à la perfection. Parce qu'il avait en vue la joie qui lui était réservée[b], il a enduré la mort sur la croix, en méprisant la honte attachée à un tel supplice, et désormais il siège à la**

droite du trône de Dieu>>. Si vous voulez aller loin dans votre vie, vous avez besoin de l'espoir. Si vous avez de l'espoir, vous n’allez pas expérienter l'échec dans votre vie, vous n’allez pas expérimenter les faiblesses dans votre vie. D’autres témoignent, et pour que vous attendiez votre témoignage, vous avez besoin de l'espoir. Si vous manquez de l'espoir, vous allez développer votre jalousie, votre haine envers vos frères et sœurs. Lorsque vous avez de l’espoir, plus vous allez vous aimer et plus vous allez également aimer les autres. Beaucoup essaient de se suicider, beaucoup se voient rien, c'est à cause du manque d'espoir. La foi en Dieu vous rend fort ! Beaucoup de gens vous négligent, mais à cause de votre foi en Dieu, vous n’aurez pas d’inquiétude. Le meilleur médicament à donner à ceux qui sont sur le point de finir avec leur vie, à ceux qui ne se voient rien, c'est leur apprendre à avoir de l’espoir au Seigneur. En raison de votre foi et espoir au Seigneur, vous n'aurez pas peur d'affronter les problèmes ; parce que vous savez qu'avant de commencer la bataille, vous allez gagner. Nous combattons dans la victoire et non pour la victoire. En raison de votre foi et de votre espoir, quels que soient le problème et la situation qui se présenteront à vous, vous serez vainqueurs ; vous saurez que Dieu ne vous laissera jamais seul et Il n'est pas un homme pour mentir. En ces temps de la fin, frères et sœurs, vous avez besoin de la foi et de l'espoir pour rester debout !

DIEU NE DONNE LA FOI AUCUNE LIMITE ET LA FOI DONNE A DIEU AUCUNE LIMITE (La démonstration du pouvoir de Dieu dans les réseaux sociaux comme Facebook, WhatsApp, téléphone ...)

Dieu m'a chargé d'écrire cette partie pour montrer à son peuple qu'Il peut tout faire et qu'Il n'est pas limité. Beaucoup de chrétiens ont peur, sont limités ou nient ce que Dieu fait. En raison de leur doute, ils ne peuvent pas croire que Dieu peut le faire. Dieu peut opérer sur Facebook, WhatsApp, téléphone, n'importe quel type de réseau social. Vous n'avez pas besoin de prier toujours en imposant votre main pour que les gens reçoivent des miracles. À travers la distance, Dieu peut manifester sa puissance. Certains chrétiens ne croient pas au miracle sur Facebook, à la télévision ou dans tous les réseaux sociaux. La distance n'est pas une barrière dans le royaume de l'esprit, ce qui vous limite, ne peut pas limiter Dieu. Dieu peut donner instantanément la vie à un mort si vous priez pour quelqu'un qui est mort, à longue distance comme vous le faites en imposant la main quand la personne est face à face de vous. Vous pouvez simplement prier, décréter et déclarer en écrivant un message sur facebook, téléphone, whatapp ... et la personne reviendra à la vie. Tout est possible selon votre foi, et Jésus-Christ ressuscitera la personne, Dieu donne aucune limite à la foi. En fait, Dieu m'a appelé pour commencer mon ministère sur les réseaux sociaux (facebook, whatapp, phone ...), je prie pour les gens sur ces réseaux sociaux et ils obtiennent des miracles instantanés. Je prie pour tout type de problème que seul Dieu peut faire. Beaucoup témoignent de la guérison et du miracle instantanés. Dieu est merveilleux ! Il rend la vue instantanément a un aveugle à travers une longue distance, il fait marcher les personnes qui ne pouvaient pas marcher à une longue distance. Beaucoup de personnes qui sont malades de différentes maladies (vih, diabète, hypertension, douleur, et autre maladie) sont guéries instantanément. Beaucoup de gens reçoivent le Saint-Esprit, le parlé en langue, la puissance de Dieu instantanément par la prière sur les réseaux sociaux. Beaucoup témoignent que lorsque je prie, ils sentent le Saint-Esprit les toucher, ils sentent le feu, ils tremblent et même les femmes stériles reçoivent leur bébé à travers une longue distance. Dieu fait des miracles à travers ces réseaux sociaux et les gens témoignent de la gloire de Dieu. Je vous dis ces choses, c'est juste pour ne pas que vous limitez, douter ce que Dieu est entrain de faire. Dieu est plus grand que l'univers, il sait tout ; le facebook ne peut pas Le limiter, la télévision ne peut Le limiter, aucun type des réseaux sociaux ne peut Le limiter. Vous pouvez exercer le pouvoir partout. Si vous avez la foi et ne doutez pas, tout est possible pour vous. Ne soyez pas surpris le jour où vous voyez un serviteur de Dieu prêchant et faisant des miracles dans les airs. Dieu peut le faire, rien n'est impossible à Dieu.

Ne limitez pas le pouvoir de Dieu, si vous mettez votre foi en lui, vous ferez de l'exploit. La foi est une substance qui peut vous aider à agir avec la puissance. Sans la foi, vous ne pourrez pas opérer dans la puissance de Dieu.

TROISIEME DIMENSION DE LA FOI

Cette dimension se manifeste par le don de la foi. Dieu vous donne la foi comme un don, tout comme il vous donne le don de parler en langue, de guérir. Dans cette dimension, vous avez la foi n'importe où, et vous pouvez agir quand vous le souhaitez. les gens viennent à vous, vous priez pour eux et ils recoivent leurs miracles. Tout ce que vous déclarez, s'accomplira. Vous avez l'esprit de foi, vous marchez avec foi.

COMMENT FONCTIONNER AVEC FOI?

- Reconnaitre que vous êtes enfants de Dieu, il faut reconnaitre votre identité en Christ
- Détruisez votre peur et doute, prenez un risque ;
- Lisez la parole de Dieu et la parole de foi, nourrissez-vous avec.
- Prenez le risque de démontrer votre foi. Appliquez-la, allez prier pour les malades ; priez pour toutes les situations. Vous verrez la main de Dieu.
- Vous devez être priant, la prière protège votre foi. La Bible dit <<priez toujours pour que vous ne manquiez pas de tentation>>. La prière fortifie et édifie votre esprit parce que l'esprit des hommes est faible.
- Lisez la Bible, lisez-la de la Genèse à l'Apocalypse. Le

diable viendra toujours avec des doutes, de la peur dans votre esprit, mais si vous connaissez les Écritures, vous resterez forts. Jésus fut tenté plusieurs fois par le diable, mais Il a utilisé la parole de Dieu pour le repousser (luc 1 :13)

- Nourrissez votre esprit avec les mots qui vous fortifieront.
- Ayez l'esprit de Christ. Ayez dans votre esprit que vous pouvez guérir les malades, vous pouvez donner vies aux morts, vous pouvez faire de l'exploit.
- Marcher avec la parole de foi dans votre esprit.
- Décretez et déclarez chaque jour la puissante parole de foi, la positivité dans votre vie.
- Ne pas s'attendre à des faiblesses
- Ne vous condamnez pas

CONCLUSION

Ce que vous comprenez quand vous lisez ce livre, la foi est le chemin, la foi peut vous aider à démontrer la puissance de Dieu. La puissance de Dieu ne sert pas seulement à guérir les gens, à operer les miracles à l'eglise, mais la puissance de Dieu peut être votre nature, votre style de vie. Dans votre lieu de travail, pour vos études, pour votre destinée, vous avez besoin de la puissance de Dieu.Vous avez besoin de la puissance de Dieu pour détruire vos problémes et vos difficultés. Vous avez besoin de la puissance de Dieu pour accomplir votre destinée. Un homme sans la puissance de Dieu est faible et ne peut pas accomplir sa destinée. Vous avez besoin de la puissance de Dieu, bien-aimés, pour aller loin dans votre vie. Vous avez besoin de la puissance de Dieu pour jouir les bénédictions et les promesses de Dieu.Ce livre a tout décrit ce que vous avez besoin de faire pour vous lever en puissance. Vous avez besoin de la puissance de Dieu, levez-vous en puissance.

Printed by Books on Demand GmbH, Norderstedt / Germany